Trouver le Sens de sa Vie :
L'Apprentissage du Bonheur

Anne Grey

© 2021 Grey, Anne

Édition : BoD – Books on Demand, 12/14 rond-point des Champs-Élysées, 75008 Paris

Impression : BoD - Books on Demand, Norderstedt, Allemagne

ISBN : 9782322251537

Dépôt légal : Mai 2021

Autrefois en Occident les gens ne doutaient pas du sens qu'ils souhaitaient donner à leur vie.

Ils recevaient pour la plupart du temps la mission qui leur était attribuée dès la naissance en fonction du milieu dans lequel ils étaient nés.

Il n'était pas envisageable de changer de voie.

De l'Antiquité en passant par le Moyen-Âge jusqu'à la révolution culturelle et sociale de 1968, les individus faisaient ce pour quoi ils étaient destinés leur mission de vie étant tout naturellement dictée par la société.

La préoccupation principale étant de faire vivre la famille tout entière, un enfant de paysan reprenait tout simplement l'exploitation familiale afin de subvenir aux besoins de sa famille.

Vivre du travail de la terre et penser à apporter le pain quotidien sur la table de toute une famille était une évidence. Les individus ne doutaient pas du sens de leur vie celle-ci étant tout naturellement centrée sur la subsistance.

Se demander quel était le sens de la vie était un luxe que les gens ne pouvaient tout simplement pas se permettre.

Les plus aisés financièrement se devaient eux aussi d'assurer la transmission des valeurs reçues, des titres de noblesse et des fortunes reçues.

Les gens accomplissaient leur devoir tout au long de leur vie chacun à leur place sans se poser d'autre question que celle d'honorer leur mission dans le respect de la tradition et des valeurs morales et familiales.

Chacun trouvait naturellement sa place dans la communauté en se rendant utile par son travail, en fondant une famille, en prenant ses parents âgés à la maison, en veillant sur les petits enfants. Les fêtes religieuses qui rythmaient la vie de la communauté soudaient les habitants au fil de l'année liturgique (Carême, Pâques, Noël…).

Aujourd'hui les choses ont changé. Avec l'individualisation croissante des sociétés occidentales, une vaste liberté s'est offerte aux individus. La liberté de choisir ses études, son métier, de choisir son mode de vie, de rester célibataire, de se marier, d'avoir des enfants ou pas offre un immense champ des possibles.

Les gens ne se sont jamais autant sentis seuls qu'avec la démocratisation des outils numériques et des réseaux sociaux.

Si cela représente une aubaine pour certaines personnes qui savent pertinemment ce qu'elles veulent faire de leur vie, cela représente provoque au contraire un immense sentiment de vide et de néant pour d'autres.

Le nombre de personnes qui ne savent plus où elles en sont n'a jamais été aussi important que depuis que les gens sont libres d'effectuer leurs propres choix et sont soumis à des impératifs de réussite.

Il faut être bon dans tous les domaines, faire de bonnes études, avoir un bon travail, une jolie maison…

Malheur à celui qui n'entre pas dans les critères établis par la société à un moment donné de sa vie.

Une personne licenciée pourra se voir quittée par son conjoint qui ne supportera pas l'échec de sa moitié. Un élève en situation d'échec scolaire se verra désigné comme mauvais par ses professeurs et ses parents alors qu'il dispose de nombreux talents en lui. Un jeune diplômé bardé de diplômes qui ne trouve pas de travail n'est qu'un looser aux yeux de la société.

Les mutations professionnelles loin de chez soi, les stages à n'en plus finir pour valider un diplôme et acquérir une expérience professionnelle ajoutent souvent à ce sentiment de mal être.

Seul et loin de chez soi, le sentiment de déracinement se fait fortement ressentir.

Les difficultés à trouver sa place dans une société qui se veut plus individualiste que jamais renforcent le sentiment de mal être des plus vulnérables mais aussi de ceux qui en dépit de leur travail ont l'impression de ne pas être à leur place, d'être au mauvais endroit à vivre une vie qu'ils n'apprécient pas.

Cela peut occasionner différents maux tels que des troubles anxieux, de l'insomnie, des épisodes dépressifs liés à un sentiment de ne servir à rien et de n'avoir aucun but.

Avancer sur une voie qui n'est pas bonne pour soi dure un temps. Personne ne peut se forcer à jouer un rôle qui ne lui convient pas dans la durée, le risque étant de faire un burn-out ou de se retrouver confronté à un épisode suicidaire.

Pourtant le but de la vie est d'être heureux et de s'épanouir dans la réalisation de ses actions et projets.

Cet ouvrage bienveillant s'adresse à toutes les personnes qui doutent ou ont un jour douté du but de leur vie.

Son but est de redonner espoir à ceux qui ne croient plus en un avenir meilleur. Il rappelle pourquoi la vie est belle et mérite d'être vécue.

Vous trouverez ici des conseils qui vous aideront à redonner du sens à votre existence et à repartir du bon pied.

1-Identifier ce que l'on aime faire . 14

2-Identifier vos valeurs morales 17

3-Se former pour acquérir de nouvelles compétences 19

4-Faire les choses en pleine conscience 21

5-Suivre sa voie, pas celle que les autres veulent tracer pour nous 24

6-Se concentrer sur sa voie, pas sur les accomplissements des autres .. 27

7-Prendre soin de soi 30

8-Se pardonner ses échecs 32

9-Être gentil avec les autres 34

10-Ne pas parler en mal des autres. 36

11-Etre heureux de ce que l'on a même si c'est peu. 38

12-Manifester votre gratitude envers les personnes qui vous aident. 41

13-Se reconnecter avec la nature .. 43

14-Relativiser ses soucis 45

15-Savoir parler de ses soucis 49

16-Respecter ses engagements 52

17-Sourire aux inconnus 54

18- L'argent ne fait pas le bonheur 57

19-Honorer ses ancêtres 63

20-Faire le choix d'être heureux 65

21- S'entourer de gens simples et positifs 67

22-Eviter les réseaux sociaux 70

23-Chasser le superflu 73

24-Vivre pleinement le moment présent 75

25-Mettre son corps en mouvement 77

26-Exprimer son point de vue 79

27-Prendre soin d'une autre vie 80

28-Accepter le temps qui passe 82

29-Nourrir sa créativité 85

30-Cultiver la patience 87

31-Accepter de ne pas plaire à tout le monde 89

32-Arrêter de se sentir coupable ... 91

33-Il n'est jamais trop tard 94

34-Tenir un journal 96

35-Apprendre à dire non 98

36-Agir plutôt que subir 100

1-Identifier ce que l'on aime faire

Si vous ne savez pas quoi faire de votre vie, vous pouvez tout simplement commencer par établir la liste des choses que vous aimez faire ou que vous avez aimé faire à une certaine époque.

Prendre du plaisir dans les actions que l'on fait est à la base du bienêtre.

Si vous ne voyez pas trop par où commencer, vous pouvez faire la liste des activités les plus simples du quotidien. Elles vous fourniront de précieux indices sur ce qui compte pour vous.

Si vous aimez par exemple préparer un café, peindre, collectionner des timbres, arroser des plantes vertes, vous occuper d'un animal de compagnie vous identifierez déjà les choses qui comptent à vos yeux. Il y a autant de choses à aimer qu'il existe d'individus.

Ce que vous aimez n'appartient qu'à vous et définit la personne que vous êtes.

Nous sommes ce que nous faisons.

Votre attirance pour certaines choses aussi simples qu'elles puissent vous paraitre en dit long sur votre personnalité et les chemins qui s'ouvrent à vous dans votre vie.

Prendre votre temps de faire des tâches comme la vaisselle, donner du temps aux autres, sont de précieux indices sur vos qualités humaines.

Les collectionneurs font preuve d'une grande rigueur, de persévérance, et d'organisation.

Les personnes qui aiment les fleurs entretiennent un lien fort avec la nature. Il y a fort à parier que ces personnes s'épanouiront dans une vie plus au ralenti en dehors des grandes villes.

Aussi simple que cela puisse paraitre en identifiant ce que vous aimez faire vous réaliserez que le début du bonheur commence par multiplier ces petits moments agréables au quotidien.

Si vous ne savez pas où vous en êtes, cela vous aidera à vous concentrer sur ce que vous aimez et cela pourra vous aider à identifier des pistes pour avancer.

2-Identifier vos valeurs morales

Les valeurs morales représentent un socle dans l'existence auquel l'on peut se raccrocher à tout moment quelles que soient les épreuves à traverser.

Que ce soit dans les moments intenses de bonheur lorsque l'on rencontre un succès fulgurant dans un domaine d'activité ou durant les grands moments de difficultés, elles permettent de se rappeler ce qui est important à nos yeux.

Les valeurs morales telles que par exemple l'honnêteté, la solidarité, l'entraide, la réciprocité, la fraternité permettent de rester fidèle à soi-même.

Elles assurent un fil continu qui maintient l'ossature mentale de chaque individu bien en place.

Quelles que soient les tentations, les opportunités à saisir dans notre chemin, les valeurs morales permettent de guider notre petite voix intérieure.

3-Se former pour acquérir de nouvelles compétences

L'acquisition des compétences ne se limite pas à la période de scolarisation d'un individu.

Les compétences peuvent être acquises tout au long de la vie dans le cadre d'une formation ou de manière autodidacte.

Rien n'est figé dans la vie d'un individu. Rien n'est gravé dans le marbre. Chaque personne peut si elle en a la volonté continuer de progresser dans un domaine qu'elle maitrise déjà ou contraire dans un domaine de compétences totalement nouveau.

Garder à l'esprit qu'il est possible d'acquérir de nouvelles compétences est un formidable outil pour continuer à avancer dans une voie ou pour en créer une nouvelle.

Chaque personne est à la source de possibles changements qui pourront survenir si de nouvelles compétences sont acquises.

Se former constamment c'est s'assurer de se maintenir des chemins d'opportunités ouverts dans son chemin de vie.

Même si vous travaillez dans un domaine précis tel que la comptabilité, vous pouvez parfaitement envisager de vous former à d'autres secteurs tels que l'horticulture.

4-Faire les choses en pleine conscience

Le fait d'effectuer ses tâches quotidiennes en multipliant les moments de pleine conscience permet de se focaliser uniquement sur le moment présent.

Cela permet à l'esprit en se libérant des contraintes et soucis quotidiens de se focaliser sur les actions que l'on réalise.

La pleine conscience permet de se recentrer sur soi-même et de se reconnecter avec un sentiment de paix intérieure.

Faire la vaisselle en pleine conscience en se concentrant uniquement sur le bruit de l'eau qui coule, l'odeur du savon permet de s'offrir de précieuses parenthèses de quiétude dans des journées surchargées. De la même manière si vous avez beaucoup de temps libre mais que votre esprit est tourmenté, le fait de vous concentrer sur une tâche telle que la vaisselle en la réalisant en pleine conscience vous apportera un sentiment d'apaisement.

Chacun peut s'offrir des moments de pleine conscience et ainsi savourer la valeur d'un moment présent qui devient tout à coup extraordinaire de par le bienfait que ce type d'actions procurent.

Le fait de se focaliser sur le présent en utilisant les vertus de la pleine conscience permet de redonner sens à la personne que nous sommes dans notre quotidien.

Cela a le don de nous recentrer sur notre vie en lui donnant un sens bien concret.

Donner du sens à sa vie commence par apprécier au maximum le bonheur que chaque moment présent nous apporte au quotidien.

Se concentrer sur ce que l'on fait ici et maintenant est le premier pas pour donner du sens à son existence.

5-Suivre sa voie, pas celle que les autres veulent tracer pour nous

Dès notre naissance nous sommes conditionnés par le désir de nos parents qui projettent sur nous des désirs de succès et d'accomplissement.

La famille, puis l'école et plus généralement la société tracent pour nous un chemin dans lequel nous nous retrouvons engagés sans même avoir pu nous poser une seule fois la question de s'il était adapté à nos besoins et désirs les plus profonds.

Suivre sa voie c'est se demander si le chemin sur lequel nous sommes en train d'évoluer est bien celui qui nous correspond et non celui qui correspond à notre entourage.

Combien de familles ne poussent pas leurs enfants à être bons à l'école et à poursuivre de longues études qui ne les mènent parfois à rien ou alors dans une voie professionnelle qu'ils n'apprécieront jamais ?

Les gens ont peur du jugement des autres. La peur les pousse à engager leur progéniture dans une voie qui leur permettra à eux-mêmes de se rassurer et de se valoriser.

Il faut être quelqu'un en faisant des projets, en choisissant des études très tôt sans savoir si cette formation est faite pour nous.

Les talents, les dons naturels, les attirances naturelles des enfants sont souvent enfouies au plus profond d'eux-mêmes sans jamais pouvoir éclore.

Trouver sa voie c'est se reconnecter à ce qui fait sens en nous telles que les activités que nous aimions ou aimons faire.

Si vous travaillez dans un bureau mais que vous passez votre temps à vous demander comment en sortir pour passer du temps dans la nature, il y a une forte probabilité que vous soyez engagé dans une voie qui n'est pas la vôtre.

6-Se concentrer sur sa voie, pas sur les accomplissements des autres

Pour trouver sa voie et donner sens à ce que l'on fait il est important de se concentrer sur sa voie et ses propres accomplissements.

En se concentrant sur vos propres réalisations qu'elles soient totales ou partielles vous parviendrez à conserver l'énergie nécessaire à la poursuite de vos objectifs.

Se comparer aux autres est une tentation fréquente.

Combien d'entre nous n'avons pas déjà utilisé les réseaux sociaux pour avoir des nouvelles d'anciens camarades d'écoles ou collègues connus dans le passé ?

Il est facile de se laisser aller à une comparaison autodestructrice et de trouver moins bien ce que l'on a effectué que ce soit au niveau professionnel ou au niveau personnel.

De la même manière si vous avez des voisins qui vous semblent avoir une belle vie, être heureux, avoir bien réussi, cela n'est qu'une représentation mentale de ce que vous pensez d'eux.

Vous ne pouvez en aucun cas savoir si les personnes observées sont heureuses. Il vous est impossible de savoir ce qu'elles ressentent sur leur degré de bonheur et de satisfaction concernant leur vie.

Une personne qui parait être heureuse à première vue peut donner le change face à l'adversité.

Certaines personnes cachent de lourdes difficultés de couple alors même qu'elles se présentent en photo souriantes avec leurs enfants et leur conjoint.

Se concentrer sur les réalisations des autres empêchent de se concentrer sur sa propre vie.

Cela entraine une perte précieuse d'énergie qui pourrait être utilisée pour mener vos projets à bien.

7-Prendre soin de soi

Aussi simple que cela puisse paraitre prendre soin de soi est un élément essentiel qui permet de donner un sens à sa vie.

En respectant votre corps en prenant soin de votre santé, en vous reposant lorsque vous vous sentez fatigué ou en prenant soin de votre apparence (vêtement, coiffure, soins de peau...) vous apporterez une marque de respect envers vous-même et votre vie.

Donner un sens à sa vie c'est aussi l'honorer en prenant soin du corps qui vous permet d'être présents dans ce monde.

Ainsi, si vous avez la sensation que votre vie n'a pas de sens vous pouvez tout simplement commencer par prendre soin de vous en mettant des vêtements vous mettant en valeur et en faisant un tour chez le coiffeur.

8-Se pardonner ses échecs

Si un échec a lourdement impacté votre vie en vous donnant l'impression que vous avez tout raté, il est important d'apprendre à vous pardonner.

Un concours raté, des études qui ne mènent pas à l'emploi et au salaire convoité, une entreprise qui ferme, un licenciement, un divorce…

Nombreuses sont les raisons de se sentir mal mais une fois l'échec passé, il faut pour pouvoir rebondir se pardonner à soi-même.

Il faut garder à l'esprit que les personnes qui réussissent un jour ont toutes échoué un jour ou l'autre dans un domaine.

Ces personnes ne se sont pas pour autant arrêtées en cours de route mais elles ont au contraire su persévérer en restant indulgentes envers elles-mêmes.

L'échec est humain, il fait partie de la nature de l'homme.

Certaines expériences réussissent d'autres non.

L'important est de ne pas être trop rude envers soi-même d'accepter une situation qui ne vous convient pas avec résilience pour pouvoir rebondir et continuer à avancer quoi qu'il arrive.

9-Être gentil avec les autres

Le propre de l'homme est d'être connecté à ses semblables. L'homme a un besoin d'interaction sociale avec autrui pour se sentir vivant.

Si vous avez le sentiment que votre vie n'a pas de sens, vous pouvez tout simplement être gentil avec les personnes que vous croisez au quotidien en donnant un peu de votre temps à une personne qui se sent seule, en offrant un sourire aux gens que vous croisez sur votre route.

Un geste de gentillesse tel que tenir une porte à quelqu'un, offrir quelques mots de réconforts à une personne en besoin (une personne malade, un élève harcelé à l'école, un voisin vivant seul, une personne sans domicile…) peut représenter beaucoup pour quelqu'un.

En apportant du soutien en offrant tout simplement un peu de sympathie, vous vous sentirez utile. Cela contribuera à vous donner l'impression que votre vie fait sens. Quelques mots de soutien redonnant courage et espoir à une personne en difficulté peuvent parfois changer le cours des choses pour cette personne.

Cela pourrait même faire l'objet d'un début de vocation.

10-Ne pas parler en mal des autres.

Donner un sens à sa vie c'est respecter sa propre vie mais aussi celle des autres.

Il n'est possible de trouver sa voie dans l'existence qu'en recherchant l'harmonie avec les autres.

Il est essentiel de respecter les personnes qui vous entourent que vous les connaissiez à titre personnel ou qu'elles vous soient étrangères en ne leur causant pas de tort ni en parlant en mal d'elles. Nous sommes la somme de ce que nous faisons, pensons, réalisons.

Si vous parlez en mal d'autrui en participant à des médisances, des diffamations, des actions de harcèlement vous vous ferez du mal à vous-même.

En étant nuisible aux autres vous ferez de vous une personne négative et toxique.

Ainsi, si vous êtes en quête de sens dans votre vie, il vous faut impérativement respecter les autres en veillant à ne jamais leur causer de tort.

11- Etre heureux de ce que l'on a même si c'est peu.

Savoir être reconnaissant de ce que l'on a même si cela représente peu de chose est une manière d'apprécier son existence et donc d'y donner un sens.

Les gens qui sont heureux de ce qu'ils ont sont plus heureux que les autres.

Il peut être facile de se laisser happer par les sirènes de la société de consommation qui savent créer en nous des besoins constants nouveaux et toujours plus onéreux.

Il faut savoir se désintoxiquer de cet excès de consommation pour revenir à un mode de vie plus sobre et plus épuré.

Par exemple, le fait d'avoir un animal de compagnie auquel on apporte toute l'affection et les bons soins nécessaires peut représenter une source de satisfaction.

Le fait de disposer d'un jardin pour se ressourcer ou de pouvoir accéder à un joli parc public pour prendre l'air peut être une autre source de satisfaction.

Pour d'autres personnes, le sentiment de satisfaction concernant leur vie pourra tout simplement être d'être en mesure de chauffer son logement en hiver sans se priver et de mettre à manger à volonté sur la table pour se nourrir.

Il est possible d'être heureux avec peu de chose en commençant tout simplement par voir la partie pleine du verre et non la partie vide.

En prenant l'habitude de lister les choses et événements positifs dans votre vie vous parviendrez à augmenter votre aptitude à vous sentir heureux et de donner sens à votre existence.

Il existe une part de bonheur quotidien pour chacun d'entre nous, riches ou pauvres.

Le chant d'un oiseau, la floraison d'une fleur, l'odeur d'un bon plat fait maison que l'on cuisine, le fait d'avoir des habits propres sentant bons à se mettre sont des détails apportant des plaisirs simples à l'existence.

12-Manifester votre gratitude envers les personnes qui vous aident.

Les gens reconnaissants sont plus heureux car le fait de manifester sa gratitude envers autrui contribue à extérioriser ses émotions intérieures.

Manifester sa reconnaissance à un professeur qui vous a aidé à préparer un concours en dehors de ses cours ou envers une personne qui garde bénévolement vos animaux lorsque vous partez en vacances vous apportera une source de satisfaction.

Cela n'implique pas d'effectuer des dépenses en faisant des cadeaux onéreux mais d'adresser de simples mots de remerciements et de gratitude à la personne qui vous apporté son soutien à un moment de votre vie.

Une simple lettre de remerciement envoyée sous la forme de vœux à la nouvelle année ou une petite carte postale postée avec quelques mots d'amitié et de reconnaissance vous aideront à manifester votre gratitude manière tout à fait spontanée et honnête.

Un coup de téléphone ou le fait d'inviter cette personne à prendre un café sont une autre manière simple de manifester votre gratitude.

13-Se reconnecter avec la nature.

Lorsque l'homme est en contact avec la nature il se recentre sur lui-même et l'instant présent.

Il se concentre sur les plantes qui l'entourent, le bruit des animaux qu'il peut entendre tels que le chant des oiseaux, il prend à nouveau le temps de regarder le ciel ou de sentir l'odeur de l'herbe.

En nous reconnectant avec la nature, nous oublions les soucis du quotidien qui peuvent parfois nous amener à penser que notre vie n'a pas de sens.

En nous remettant au contact de la nature, nous ressentons presque instantanément les bienfaits car en tant qu'humain appartenant au monde du vivant nous faisons corps avec cet ensemble lorsque nous reprenons conscience de notre appartenance.

La nature rapporte de l'humilité à l'homme et lui permet de se concentrer sur des valeurs simples de bienêtre et d'harmonie. En tant qu'être qui vit ici et maintenant parmi les autres éléments de la nature, l'homme retrouve toute sa place et redonne un véritable sens à son existence.

14-Relativiser ses soucis

Pour pouvoir donner un sens à son existence et parvenir à trouver un sentiment de quiétude intérieure, il est primordial de relativiser ses soucis.

Si par exemple vous n'aimez pas votre travail (ce qui est le cas d'un grand nombre de personnes rassurez-vous), il ne faut pas vous focaliser dessus. Rappelez-vous que l'on travaille pour vivre, on ne vit pas pour travailler. Aucun travail, aucun patron ne mérite que vous vous gâchiez l'existence pour lui.

Vous pouvez vous épanouir en pratiquant un sport ou toute autre activité qui n'a pas de lien avec votre activité professionnelle afin de donner un souffle nouveau à votre quotidien.

Il vous faut trouver un sentiment de quiétude en vous focalisant sur une activité que vous aimez pratiquer.

Cela vous aidera à trouver un équilibre dans votre vie et à vous rendre compte que tout ne va pas aussi mal que vous le pensiez au départ. Il existe quelque chose de bon à savourer dans chaque journée qui passe. Il vous faut juste apprendre à savourer ces bons moments et à augmenter la fréquence graduellement en multipliant les activités vous procurant du bien-être.

Si vous avez du mal à joindre les deux bouts mais que vous travaillez vous pouvez identifier une activité que vous aimez faire et pourquoi pas en faire une petite activité économique secondaire qui apportera un souffle nouveau à vos finances. Vous pourrez ainsi effectuer une tâche que vous aimez faire et en retirer de l'argent.

Même si vous traversez une situation difficile c'est en relativisant la situation que vous parviendrez à aller au-delà des difficultés.

Si vous avez des ennuis de santé, il est fréquent de se focaliser sur les conséquences que cela a sur notre vie. On se sent diminué, moins en forme.

Vous vous concentrez sur ce qui ne va pas ne pensant plus qu'à cela au final alors que pour aller de l'avant, il faut donner moins de place aux pensées négatives.

Même si cela est très difficile au départ, il vous faut vous demander quelle activité vous faisant du bien vous pourriez réaliser au regard de votre état de santé.

Cela peut être une activité que vous réalisiez dans le passé ou une toute nouvelle activité telle que l'apprentissage d'un instrument de musique, la réalisation de peintures…

15-Savoir parler de ses soucis

Si vous malgré tous les efforts vous ne parvenez pas à trouver de solution à un problème, il est important de savoir parler de ses soucis à une personne de confiance ou tout au moins d'extérioriser vos problèmes en les écrivant dans un journal, en en parlant à des poupées anti soucis avant de vous endormir que vous poserez sous votre oreiller.

Le fait de mettre de des mots sur ce qui vous pose un problème que ce soit de manière orale ou par écrit est déjà un premier pas vers la résolution de vos problèmes.

Cela vous aidera d'une part à identifier clairement la nature du problème avec ses tenants et ses aboutissants. D'autre part cela vous aidera à vous libérer du poids émotionnel que représente ce souci.

Même si vous ne trouvez pas de solution immédiate à vos problèmes, le fait de les extérioriser vous permettra d'évacuer la pression que ces derniers engendrent.

Vous éviterez d'emmagasiner des tensions intérieures lesquelles sont source de mal-être.

Parler, dire ce qui ne va pas c'est adopter une attitude active qui vous sort de la passivité.

En identifiant clairement un problème vous parviendrez à rassembler à la longue l'énergie nécessaire pour le résoudre.

Vous parviendrez plus facilement à trouver une solution ou si vous en parlez à recevoir de l'aide.

Exister, donner un sens à sa vie c'est savoir identifier ce qui ne va pas pour pouvoir ensuite changer le cours des choses.

16-Respecter ses engagements

Si vous vous engagez à donner de votre temps, à vous occuper d'une cause, d'une personne ou encore d'un animal faites-le en restant fidèle à votre engagement de départ.

Donner un sens à sa vie c'est respecter ses engagements, ses promesses.

Être fidèle à ses engagements c'est être fidèle à soi-même. Cela vous permet de donner un sens à votre existence en faisant de vous une personne qui respecte ses valeurs et ses principes.

Même si vous ne savez pas très bien quelle est la direction que vous souhaitez emprunter dans votre existence, le fait de rester fidèle à vos engagements est déjà un socle solide faisant de vous une personne d'honneur sur laquelle on peut compter.

Respecter ses engagements c'est se définir soi-même comme une personne qui donne du sens aux événements ou aux autres êtres vivants.

17-Sourire aux inconnus

Si vous vous sentez isolé avec l'impression que vous ne comptez pour personne car vous avez peu ou pas d'ami, de famille, vous pouvez effectuer une expérience toute simple.

Le fait de sourire aux inconnus que vous croisez tout au long de votre journée vous permettra d'attirer la sympathie d'autrui.

Cela impliquera bien évidemment de sortir de chez vous mais vous pourrez lier de nouveaux contacts avec des personnes au fil du temps.

Si vous souriez régulièrement aux personnes que vous croisez en sortant de chez vous, il y a de fortes chances que vous finissiez par établir un dialogue avec vos voisins et qu'un lien d'amitié commence à se tisser.

Cela est valable à l'échelle de toutes les rencontres que vous effectuerez dans le cadre de votre vie quotidienne que ce soit au travail, en faisant des courses, en vous impliquant dans une activité associative….

Sourire aux inconnus vous fera dégager un sentiment de bienêtre qui attirera en retour une réaction positive d'autrui.

Donner un sens à sa vie c'est aussi être reconnu par autrui comme un individu à part entière qui mérite d'être reconnu et de recevoir une attention.

Le sourire est par ailleurs la porte ouverte à de nouvelles opportunités que ce soit pour trouver un travail, faire une rencontre amoureuse ou tout simplement amicale.

18- L'argent ne fait pas le bonheur

Manquer d'argent en passant son temps à lutter pour joindre les deux bouts est une source de stress et de mal-être. Lorsque l'on manque d'argent, on se sent souvent mal considéré et frustré.

Le fait de ne pas pouvoir acheter certaines choses peut générer une source de frustration énorme pour certaines personnes.

Autrefois, il n'y a pas si longtemps que cela en fin de compte, avant l'avènement de la société de consommation qui s'est lancée surtout à partir des années 70, les gens se contentaient de peu.

Le fait de manger à sa faim, de se vêtir, de travailler était une source de satisfaction pour les gens.

Aujourd'hui si on ne peut pas se payer le dernier téléphone ou la console de jeu dernier cri on se sent frustré. Les voitures coûtent quant à elles de plus en plus chères à l'achat et à entretenir.

Et si la solution résidait tout simplement dans le fait d'adopter une stratégie de non consommation ?

Sortir de la spirale infernale de la société de consommation et du modèle de réussite sociale parfait avec le super job, la belle maison et la jolie voiture est une action qui permet de donner du sens à mon existence.

S'il n'est pas possible de se passer d'argent, il est possible de redonner du sens à son existence autrement. À défaut de pouvoir trouver de l'argent pour acheter ce dont vous avez besoin vous pouvez développer une stratégie de consommation alternative en favorisant l'économie sociale et solidaire.

Vous réaliserez alors qu'il est possible de meubler entièrement un logement sans argent en recevant des objets que les gens donnent parce qu'ils n'en n'ont pas besoin et qu'ils souhaitent en faire profiter les autres. Un petit coup de peinture et de vernis et vous vous retrouvez avec un meuble plein de charme et inusable.

Vous pourrez apprendre à réparer des appareils électro ménagers au lieu de vous faire du mouron parce que vous ne savez pas comment remplacer le lave-linge qui vient de casser.

Si cela reste compliqué pour les personnes vivant en ville, les personnes résidant en province peuvent se nourrir facilement sans dépenser d'argent en tenant un potager, en allant pêcher sur la côte et en ramassant les fruits de saisons comme les mûres pour faire des confitures, les pommes des vergers pour faire de la compote, les châtaignes pour les faire griller…

Côté habillage, il est possible de recevoir des dons de particuliers également. Lorsque les habits sont trop usés, ils font d'excellent chiffons pour le ménage. Les vieux t-shirts sont parfaits pour fabriquer une bobine de fil et fabriquer des tapis en crochet. Les bouchons de liège, les bouchons de bouteilles, les vieilles palettes…Si vous partez du principe que tout peut être récupéré et bricolé vous changerez votre approche de la situation.

Si vous développez une certaine habilité à le faire cela peut être pour vous l'occasion de lancer une activité économique en vendant vos créations sur des marchés ou sur le web via des plateformes de vente dédiées à l'artisanat.

Donner du sens c'est créer de la valeur à quelque chose qui semble ne pas en avoir.

Votre approche du monde et de ce que vous pouvez parvenir à réaliser donne du sens à votre existence. Même si vous n'avez pas d'argent, vous pouvez donner un sens à votre vie en favorisant une vie dans le présent.

En agissant jour après jour en utilisant le pouvoir de la pleine conscience en réparant un objet ou en recyclant de vieux meubles, vous donnerez un sens à votre existence.

Vous vous redonnerez une identité d'individu qui respecte son environnement et qui sait faire du beau avec presque rien. Le sens de la vie est là.

19-Honorer ses ancêtres

Le monde d'aujourd'hui ne laisse plus de place à la mort. Une fois morts et enterrés ou brûlés, les proches décédés ne reçoivent souvent plus aucune visite de la part de leur famille, plus aucune fleur.

Pourtant les ancêtres donnent du sens à nos existences. Ils définissent par leurs actions passées ce que nous sommes aujourd'hui. Nous sommes vivants parce qu'ils ont existé, parce qu'ils ont avant nous mené une existence avec des joies et des peines.

Honorer la mémoire familiale c'est s'honorer et se respecter soi-même en se rappelant d'où l'on vient.

Être fier de ses racines c'est s'ancrer solidement dans l'existence et cela permet de garder un cap en cas de coup dur. Se rappeler de la force de ses ancêtres c'est se rappeler que s'ils ont été capables d'endurer des épreuves parfois très difficiles, nous aussi nous pouvons y parvenir en tant que vivants.

Suivant nos origines il n'est pas toujours possible d'aller rendre visite à nos chers disparus au cimetière. Dans ce cas-là avoir un petit autel chez soi avec leur photo et les honorer de temps à autre en leur offrant une fleur, en allumant un peu d'encens et une bougie permet d'honorer leur mémoire, notre mémoire.

20-Faire le choix d'être heureux

Le sentiment de bonheur est inhérent à nos propres perceptions. Il existe autant de définitions du bonheur que d'individus. Par contre le dénominateur commun à tout le monde est le fait que l'on peut choisir d'être heureux.

Il est possible de choisir d'être heureux avec peu et de voir le côté plein du verre au lieu de voir le côté qui n'est pas rempli.

Certaines personnes ressentiront un bonheur intense en vivant à la campagne travaillant la terre de leurs mains pour vivre tandis que d'autres trouveront satisfaction en pratiquant une passion telle que le théâtre.

Chacun peut ainsi donner sens à son existence en faisant le choix d'être heureux dans le présent ici et maintenant et en effectuant les tâches qui sont les siennes au quotidien.

Être heureux et donner du sens à sa vie c'est vivre le moment présent en pleine conscience en s'appliquant de son mieux pour réaliser ce que l'on est en train de faire. Choisir de bien faire les choses dans le présent c'est déjà prendre la décision d'être heureux et donc de donner du sens à sa vie.

21- S'entourer de gens simples et positifs

Pour donner un sens à son existence il est important de fréquenter des personnes dont les valeurs sont simples et positives.

L'impact des personnes que nous fréquentons est importante sur nos vies, sur l'estime que nous avons de nous-mêmes.

En fréquentant des personnes bienveillantes vous éviterez de vous retrouver impliqué dans des conversations médisantes sur autrui ou d'avoir le sentiment d'être jugé constamment.

Les personnes simples et positives sont généralement discrètes et consciencieuses. Elles cherchent peu à attirer l'attention sur elles préférant les actions concrètes prouvant leur valeur à la vantardise.

Les personnes vantardes qui se targuent de toujours mieux réussir que les autres, prétendant avoir une famille formidable, des amis et des enfants formidables, un job en or…sont dans l'exagération constante. Ces personnes sont toxiques car elles nous renvoient une image négative de nous-mêmes.

Les personnes simples et positives ne cherchent pas à se survaloriser et par conséquent elles ne cherchent pas à se sentir supérieures à vous. Elles sont juste contentes de pouvoir discuter avec vous d'égal à égal sur des sujets de conversation positifs qui ne nuisent à personne.

Il n'est pas nécessaire d'écraser les autres pour trouver sa voie.

Bien s'entourer c'est choisir d'entrer dans la voie du respect d'autrui. En respectant les autres, on se respecte soi-même et l'on donne du sens à son existence.

22-Eviter les réseaux sociaux

Les réseaux sociaux nous amènent à nous projeter à partir de photos, de commentaires, de liens d'amitié à se projeter dans la vie des autres, à s'imaginer ce qui s'y passe.

Généralement lorsque l'on visite le profil d'un ou d'une connaissance, on le fait par curiosité ou par ennui.

Il nous est alors impossible de nous empêcher de nous comparer aux autres. Voir les photos d'une vieille copine en bikini sur une plage avec son conjoint peut provoquer en nous une immense tristesse si nous sommes célibataires ou si nous sommes dans une relation qui rencontre des difficultés.

Nous nous mettons alors à fabriquer les questions et les réponses sur la vie des autres à la manière d'un roman photo auquel nous inscrivons notre propre légende.

Combien de couples en train de se déliter ne postent pas de photos d'eux en vacances dans un paradis tropical ?

La photo parfaite n'est pas une preuve du bonheur des autres.

Elle ne doit pas non plus être utilisée pour se comparer à notre désavantage.

Donner un sens à sa vie c'est éviter de perdre son temps en se projetant dans la vie des autres sans savoir ce qui s'y passe vraiment. Au lieu d'admirer ou d'envier secrètement cette personne, pourquoi ne pas tout simplement la recontacter pour la saluer et lui proposer à l'occasion de passer vous voir.

Donner un sens à sa vie revient à la rematérialiser en vivant sa propre vie dans l'instant présent et à ne pas vivre celle des autres par procuration.

23-Chasser le superflu

Le fait d'être envahi par des objets dans notre logement peut nous empêcher de nous projeter dans le futur et de passer à une nouvelle étape de notre vie.

Si votre logement est chargé d'objets vous rappelant une relation amoureuse qui n'a pas fonctionné il est peut-être temps de faire place nette pour pouvoir repartir du bon pied.

Sans oublier pour autant votre passé, le fait de vider votre logement d'objets chargés en émotions et en souvenirs vous aidera à aller de l'avant dans un environnement saint.

Il ne sert à rien de vivre dans un logement surchargé en objets que vous estimez pouvoir réutiliser un jour mais qui restent prendre la poussière depuis des années.

Vous pouvez tout simplement organiser un tri en jetant ce qui trop abîmé, en donnant ou revendant ce qui est en bon état et en mettant dans une boite à souvenir que vous entreposerez à la cave ou au grenier hors de votre vue quotidienne.

Donner un sens à sa vie c'est continuer à avancer sans avoir constamment sous ses yeux des objets qui peuvent rappeler des moments trop douloureux pour se projeter dans l'avenir sereinement.

Chasser le superflu de chez soi c'est agir avec l'intention d'améliorer son existence.

24-Vivre pleinement le moment présent

La manière la plus concrète de donner du sens à sa vie est de faire les choses en pleine conscience en prenant le temps de les faire.

Cela signifie qu'il faut cesser d'agir dans l'urgence en faisant plusieurs choses à la fois.

En faisant trop de choses en même temps comme déjeuner tout en continuant à répondre à des mails vous vous empêchez de donner un sens à votre existence. Vous faites les choses de manière automatique sans apprécier aucune des tâches que vous réalisez.

Il est important de chasser ce sentiment de presse et d'urgence en se recentrant sur le moment présent.

Être ici et maintenant à 100 % est le sens premier de la vie. Si vous avez l'occasion de passer un bon moment en famille ou entre amis il ne faut pas le remettre à plus tard.

Pour apprendre à vivre pleinement le moment présent vous devez apprendre à vous accorder le temps de vivre pleinement chaque seconde sans vous laisser envahir par des pensées parasites ou des personnes cherchant à vous mettre la pression.

25-Mettre son corps en mouvement

En mettant votre corps en mouvement par l'exercice d'une activité physique (marche, danse, yoga, natation...) vous mettrez en action la sécrétion des hormones du bonheur dans votre corps.

Vous vous enverrez à vous-même un signal de bien être en faisant une action qui est bonne pour vous.

La mise en mouvement du corps répond à un besoin naturel du corps humain qui se sent utile lorsqu'il est en mouvement. En rendant votre corps utile, vous le laissez donner sens à votre vie.

Par ailleurs, l'exercice physique vous amènera probablement à effectuer des rencontres ce qui est bon pour le moral.

26-Exprimer son point de vue

Donner un sens à son existence c'est faire entendre son point de vue.

Que ce soit en famille, entre amis, au travail ou dans tout autre domaine en exerçant votre droit de vote par exemple, il est important d'apprendre à s'exprimer sur ce que l'on pense.

Il est possible d'être d'accord ou en désaccord. Cela est du droit de chacun d'exprimer son opinion en respectant autrui.

Exprimer son point de vue c'est exister, donner du sens à ses valeurs, se faire reconnaitre en tant qu'individu à part entière qui ressent des émotions et développe des idées.

27-Prendre soin d'une autre vie

Le fait de prendre soin de la vie des autres est une belle manière de donner du sens à sa propre existence.

En prenant soin de la vie des autres, vous accordez une grande importance à la vie en la rendant plus agréable et plus douce.

Prendre soin d'une autre vie que ce soit celle d'une personne ou d'un animal est bon moyen de vous rendre utile et de donner par là même un sens à votre existence.

Vous pouvez prendre soin d'une personne de votre entourage que ce soit un enfant ou une personne âgée mais vous pouvez aussi prendre soin d'un animal de compagnie, recueillir un animal abandonné ou perdu.

Prendre soin d'une autre vie, c'est respecter l'essence même de la vie et y donner tout son sens.

28-Accepter le temps qui passe

De la naissance à la mort la vie est riche de nombreuses expériences constituant des cycles plus ou moins longs. Ces expériences sont uniques et ne reproduiront plus jamais.

Donner un sens à sa vie c'est apprécier le caractère éphémère de chacun de ces cycles et d'accepter que chacun de ces cycles ne dure qu'un temps.

Accepter et apprécier le temps qui passe est un excellent moyen de donner du sens à son existence. Chaque instant de la vie est précieux.

Chaque âge présente ses inconvénients et ses avantages à apprécier.

Être parent d'enfant en bas âge est une bénédiction et un sacrifice en termes de fatigue. Pourtant avoir un petit à la maison apporte une joie immense. Cette joie immense est éphémère. Bien qu'il soit difficile de s'occuper des tout-petits, ceux-ci grandiront vite. Il faut donc savoir apprécier de les avoir à la maison et de profiter de tous les instants précieux que les enfants nous apportent.

De la même façon, vieillir n'apporte pas que des désavantages. En vieillissant nous acquérons de l'expérience et un regard plus décomplexé sur le monde. Riche de notre expérience, nous sommes à même d'aider les plus jeunes et de les guider s'ils ont besoin de conseils.

Vieillir c'est aussi pouvoir reprendre du temps pour soi, réapprendre à écouter ses désirs les plus profonds, continuer à réaliser de nombreux projets. Vieillir c'est aussi réaliser que la beauté n'est pas liée qu'à la jeunesse. Le visage d'une personne âgée rempli d'amour et de bienveillance à l'égard des autres dégage une beauté unique intemporelle.

Prendre de l'âge, accepter de vieillir en ayant apprécié les cycles précédents et en continuant à apprécier le présent c'est donner un sens à son existence.

Chaque étape est précieuse car à chaque étape nous disposons d'un regard unique sur le monde qui nous entoure.

29-Nourrir sa créativité

Le fait de nourrir sa créativité permet de laisser ses émotions s'exprimer tout en se focalisant sur le moment présent. Elle nous occupe de manière constructive en libérant notre esprit des pensées défaitistes ou négatives.

Elle nous permet d'externaliser des pensées ou des idées sur lesquelles nous ne parvenons peut-être pas toujours à mettre des mots juste.

En nourrissant notre créativité, nous entretenons notre spontanéité et par la même notre capacité à nous concentrer sur nos idées dans le moment présent.

La créativité nous apporte bien être et nous permet de mettre en valeur ce que nous apprécions, ce que nous trouvons beau.

Il n'est pas nécessaire d'être un artiste reconnu pour se montrer créatif.

Dessiner et peindre de manière spontanée comme nous le faisions pendant notre enfance juste parce que cela fait du bien est un acte de créativité.

Ecrire, chanter, faire du théâtre d'improvisation réaliser des compositions florales, effectuer des travaux de couture…sont quelques exemples des domaines où peuvent s'exercer une créativité débridée libre de tout jugement, juste pour le plaisir de créer et de contribuer à apporter un autre regard sur le monde qui nous entoure.

30-Cultiver la patience

La patience est un art qui se cultive et permet de donner du sens aux expériences de son existence.

En étant patient, nous apprenons à préparer un événement avec délectation. Nous anticipons le moment tant attendu en le visualisant de manière positive, en se projetant positivement dans l'avenir.

La patience offre le plaisir de préparer un événement tel que Noël, un anniversaire, un mariage ou un déménagement avec délectation.

Le fait de patienter nous apprend non seulement à attendre mais aussi à savourer les moments exceptionnels de l'existence, ceux qui ne se produisent pas tous les jour.

En cultivant la patience, nous apprenons à identifier ce qui est exceptionnel et par là même à mettre ces événements en valeur. La patience permet d'identifier et d'apprécier les moments qui comptent dans l'existence.

31-Accepter de ne pas plaire à tout le monde

Donner un sens à sa vie c'est aussi accepter de ne pas plaire à tout le monde en acceptant d'être différent.

Que ce soient nos choix de vie qui peuvent parfois aller à l'encontre de ce que font l'essentiel des gens, nos pensées, nos apparences physiques, ce que nous faisons et pensons font de nous des individus à part entière avec leur singularité.

Donner du sens à notre vie, c'est accepter ce que nous sommes et pensons quitte à ne pas plaire à tout le monde. La différence est une richesse à cultiver car elle est l'essence de notre singularité en tant qu'individu. Il ne faut donc en aucun cas renoncer à ce que l'on est ou aux valeurs qui nous animent pour plaire à d'autres personnes.

32-Arrêter de se sentir coupable

Nous avons parfois la capacité à nous sentir coupable parce que nous n'avons pas eu le courage d'aller faire notre séquence de sport, parce que nous avons omis de passer un coup de fil à un ami de longue date dont nous n'avons pas eu de nouvelles depuis longtemps ou parce que nous avons l'impression de ne pas être de bons parents…

La liste des raisons de se sentir coupable est infinie.

Le fait de se sentir coupable pour tout inhibe la capacité à se sentir dans la bonne voie et à apprécier pleinement sa vie.

Pour redonner du sens à a son existence il est important

d'apprendre à faire la part des choses et prendre conscience que l'on ne peut pas toujours tout bien faire.

Si arrêter de se sentir coupable n'est pas toujours une chose facile à réaliser en raison des mécanismes profondément ancrés en nous, il est toutefois possible de prendre conscience des moments où l'on développe cette culpabilité.

Le fait d'en prendre conscience et de vous rappeler que ce qui compte est de faire de votre mieux en fonction des circonstances vous aidera à retrouver un sentiment de paix intérieure.

Ainsi si vous ne pouvez pas envoyer votre enfant dans un parc d'attraction parce que des manifestations bloquent la route, vous apprendrez à ne plus vous sentir coupable inutilement.

Si vous oubliez de ramener quelque chose du supermarché à votre conjoint parce que vous êtes trop fatigué(e), vous apprendrez à ne plus vous sentir coupable.

33-Il n'est jamais trop tard

Donner un sens à sa vie c'est pouvoir commencer un nouveau projet à tout âge.

Il est important de ne pas se fixer des limites d'âges. Si vous rêvez de changer de métier mais que cela implique une nouvelle formation, il n'y a pas de raison de ne pas vous lancer dans une nouvelle voie qui vous apporterait davantage d'épanouissement.

Si après des études d'ingénieur vous vous rendez compte que ce qui fait votre bonheur est en réalité la pâtisserie, il n'est jamais trop tard pour vous lancer dans un nouveau projet.

Si vous vous découvrez une passion pour le codage informatique à 55 ans, il n'est pas non plus trop tard pour vous lancer dans une formation qui vous ouvrira les portes d'une nouvelle carrière.

Il faut croire en ses rêves et en sa capacité à les réaliser. Il n'est jamais trop tard pour être heureux.

De la même manière si vous avez eu un comportement que vous regrettez envers certaines personnes, il n'est jamais trop tard pour essayer de vous rattraper. Cela ne vous garantira pas le pardon d'une personne fortement blessée par une attitude négative mais le fait de reconnaitre vos torts vous libérera du fardeau émotionnel que votre comportement a engendré.

34-Tenir un journal

En tenant un journal où vous pourrez extérioriser vos pensées vous apprendrez à formuler petit à petit des intentions quant à votre future. Vous pouvez commencer par écrire quotidiennement sur le ressenti de votre journée (positif ou négatif).

Cela vous aidera à vous connaitre un peu plus chaque jour.

Vous parviendrez à identifier davantage les choses qui vous font souffrir, ou au contraire celles qui vous font du bien, celles qui vous font vibrer donnant ainsi du sens à votre existence.

Petit à petit vous pourrez identifier de nouveaux projets ou de nouvelles causes dans lesquelles vous ressentirez le besoin de vous investir donnant ainsi du sens à votre existence.

35-Apprendre à dire non

Il peut arriver que par peur d'être rejeté ou par peur de décevoir les autres nous soyons tentés de trop souvent dire oui alors que notre esprit pense non.

Dépanner un collègue en se montrant arrangeant sur un emploi du temps occasionnellement est une chose par contre si vous vous retrouvez systématiquement à arranger tout le monde à votre désavantage alors il y a un problème.

Accepter de faire quelque chose que l'on ne souhaite pas faire provoque un effacement de notre personnalité. Nous nous retrouvons confrontés au renoncement de notre propre désir pour faire plaisir à quelqu'un d'autre.

Apprendre à dire non c'est se faire respecter en tant qu'individu mais que cela ne signifie pas que vous n'aimez pas la personne à laquelle vous refusez quelque chose.

Dire non à son conjoint, à ses enfants, à ses parents, à ses amis, à ses collègues, à son patron n'a rien d'offensant.

En apprenant à dire non sans vous montrer méchant ou brutal mais en expliquant que ce que l'on vous demande ne vous correspond tout simplement pas, vous gagnerez en respect. Dire non c'est rester savoir avancer dans la voie qui nous correspond le mieux.

36-Agir plutôt que subir

Trouver sa voie c'est aussi de choisir de rester optimiste en agissant plutôt qu'en subissant. Si les causes comme le bouleversement climatique, la pauvreté, l'accès aux soins et à l'éducation, la maltraitance animale sont des causes qui vous bouleversent vous pouvez à votre niveau choisir d'agir plutôt que de rester le spectateur impuissant d'une situation qui vous tourmente.

En vous impliquant dans une association, en réhabilitant un logement ancien plutôt de de faire construire un bâtiment qui détruira une terre cultivable vous pouvez agir à votre niveau.

Donner un sens à sa vie c'est s'impliquer dans le monde qui vous entoure et contribuer à apporter votre pierre à l'édifice de manière positive et constructive.